AF257318
I 43
b
498

LA SOURCE

DES MALHEURS

DE

LA RÉPUBLIQUE,

ET

LE MOYEN D'Y REMÉDIER.

Par le C.en Et. BIRET, curé de Loye.

Omnis humanæ societatis fondamentum convellit, qui religionem convellit.
Quiconque ébranle la religion, détruit le fondement de toute société entre les hommes. *Plat. lib. 10. de Leg.*

A PARIS,

A L'IMPRIMERIE-LIBRAIRIE CHRÉTIENNE, rue Saint-Jacques, n.° 278.

AN VIIIᵉ. RÉP. FR.

AU PREMIER CONSUL DE LA RÉPUBLIQUE.

CITOYEN PREMIER CONSUL,

LA Dissertation que j'ai l'honneur de vous adresser, a été composée pendant les derniers jours de la durée de la Constitution de l'an III ; vous êtes venu comme par un prodige, arracher la France au sort funeste que lui préparoit l'impolitique philosophie de ses directeurs. Mais ni vous ni aucune des autorités qui ont succédé, vous ne vous êtes pas encore occupés de réparer la bévue, principale source de tous nos malheurs, que ces mal-habiles administrateurs et leurs prédécesseurs, ont commise : je veux parler de leurs manœuvres contre le catholicisme, et contre toute religion ou naturelle ou révélée. J'ai donc crû devoir vous adresser, et même publier mon travail. Vous êtes trop sage et trop homme d'état pour refuser d'entendre des vérités utiles à notre pays, dont vous faites la gloire et qui attend de vous son bonheur ; des vérités que des hommes véritablement grands, ont professées dans tous les tems et chez tous les peuples.　　　　Salut et respect.

BIRET, prêtre, à l'Ile de Rhé.

Ce 1 Floréal, an VIII.

LA SOURCE DES MALHEURS

DE

LA RÉPUBLIQUE.

Vous avez été surpris, Théophile, en abordant les côtes de France, de ne plus trouver, dans le peuple, cette gaieté, cet air de contentement, cette ardeur qu'il montroit au commencement de 1789, lors de votre départ; et vous m'en demandez la cause : c'est me demander de renouveller ma douleur ; mais je dois à votre piété et à votre patriotisme, de satisfaire votre juste curiosité. Je vais donc vous tracer le lugubre tableau de nos misères : il vous affligera ; mais peut-être produira-t-il le double effet de vous prémunir contre les séducteurs qui vont chercher à vous tromper, et d'engager les républicains, qui y jetteront les yeux, à se ressaisir de leurs droits, pour se relever de leur humiliation.

A 2

On ne peut se dissimuler en effet, que depuis cette époque, et sur-tout depuis deux ans, le civisme se réfroidit sensiblement chaque jour. On ne voit plus dans le peuple cet enthousiasme qui l'élevoit dans les premiers jours. Il n'est plus si prodigue de son sang et de sa fortune. La joie ne se peint plus sur son front, au mot chéri de *liberté*. Il ne montre plus ce vif intérêt pour la chose publique. Il ne se porte plus aux assemblées, qu'avec peine. Les cérémonies civiques, quelqu'important qu'en soit souvent l'objet ou le motif, n'ont plus pour lui cet attrait piquant ; il n'y paroît qu'avec un visage morne et triste. Il ne semble s'occuper, au milieu de ces fêtes instituées pour inspirer la joie, qu'à calculer les années de la guerre, qu'à supputer le nombre des jeunes-gens que le patriotisme fait marcher aux frontières, et que les trahisons y ont immolés ; ou à comparer ses disgraces avec les avantages qu'il s'étoit promis : il sembleroit, à l'air d'indifférence et d'ennui qu'il laisse appercevoir, qu'il seroit devenu insensible au bonheur de son pays. Enfin, on devoit, disoit-on, le républicaniser ; et tout paroît annoncer qu'on a pris à tâche de le dégoûter de la république : ce changement est allarmant.

Mais, Théophile, le peuple français se dégoûteroit-il donc déjà d'un gouvernement qu'il ne fait que fonder ; pour lequel naguères il étoit tout de feu, et qui lui a coûté tant de sang, de trésors et d'angoisses ? Voudroit-il perdre dans un moment le fruit de huit ans de combats et de victoires ? Regretteroit-il donc les fers qu'il porta sous le despotisme des rois ? Les royalistes se le persuadent, et d'excellens patriotes le craignent ; mais je crois que les premiers sont dupes, et que les seconds doivent se rassurer. Non, le peuple n'est pas, autant qu'on le pense, le partisan du régime royal. Il n'a point oublié toutes les horreurs de l'ancien régime ; les tortures de la question extra-ordinaire, les supplices de la potence, de la roue, des pointes de fer, du plomb fondu.... Il n'a point oublié ces cens, ces rentes, ces terrages, ces complants, ces garennes et ces colombiers ; ces droits exclusifs de chasse et de pêche, qui pesoient sur ses biens ; ces gabelles, qui envoyoient chaque année des centaines de jeunes-gens aux galères ou à la mort, et qu'un gouvernement libre doit proscrire pour jamais. Il n'a point sur-tout perdu de vue ces fois-et-hommages qui l'humilioient aux pieds d'une foule de petits tyrans, aussi insolens que méprisables. Il n'ignore pas qu'en relevant le trône, il appelleroit sur lui tous les anciens abus, et de plus grands malheurs encore. Car en effet, qu'il y place un Bourbon, par exemple, le prétendant à la couronne : il ne faut point en douter, quoiqu'en disent les manifestes vrais ou supposés de Condé et de Suwarow ; le premier acte de sa suprême puissance sera de venger la mort de Louis XVI, et de se venger lui-même. Ainsi, quiconque s'est prononcé en faveur de la république, doit se regarder comme une victime destinée à épuiser toute la cruauté des bourreaux, ou s'attendre à ne sauver sa vie que par l'exil ou par la force des armes. Que ce roi soit pris dans la caste *insurgente*, car un républicain rejettera toujours ce titre avec horreur ; les partisans du prétendant ne verront en lui qu'un usurpateur, et lui voueront la même haîne qu'au régime républicain. Je veux même que ce ne soit qu'un roi constitutionnel, quel qu'il soit : il ne seroit donc que l'exécuteur des volontés du peuple. Mais le pouvoir joint à l'ambition, ne connoît pas de bornes ; et bientôt une cruelle expérience forceroit à reconnoître qu'on n'auroit changé que le nom. Ainsi, dans tous les cas, les dissentions, l'esprit de parti, l'anarchie et tous les crimes qui en sont la suite, ne pourroient manquer de se renouveler. La guerre civile seroit inévitable, des flots de sang couleroient encore ; et cette nouvelle révolution seroit mille fois plus sanglante, plus cruelle, plus désastreuse que la première. Il est donc évident que le peuple, à qui ces réflexions ne peuvent échapper, a le plus grand intérêt de s'opposer au retour de la royauté en France, et que telle est sa volonté.

Si donc il fait éclater aujourd'hui des plaintes, des murmures ; s'il se répand quelquefois en propos peu mesurés, ce n'est point contre le régime républicain. Il aime et chérit la constitution de l'an III ; la déclaration des droits lui paroît toujours un code d'humanité et de justice ; il regarde l'un et l'autre comme des actes de sa volonté, qu'il est bien éloigné de sacrifier au *bon plaisir* d'un roi. C'est contre les vexations sans nombre qu'il éprouve ; c'est contre l'abus des pouvoirs qu'il avoit établis pour son bonheur, dont plusieurs ne se servent que pour l'opprimer, qu'il s'indigne et qu'il a réellement droit de s'indigner. C'est qu'il voit sans cesse des factions déchirantes se succéder, des divisions intestines ménagées à dessein ; c'est qu'il n'entend parler que de conspirations, de trahisons, de dilapidations ; c'est qu'il voit que si une loi bienfaisante vient pour adoucir ses peines, elle éprouve mille entraves qui en arrêtent tout l'effet, que la moindre ordonnance pénale a toujours la préférence et s'exécute à la lettre ; c'est enfin, que sa liberté et sa souveraineté ne sont encore que des mots. Voilà, Théophile, la cause de sa douleur, de sa tristesse, de cet air de dégoût et d'inquiétude que vous avez remarqué. Mais vous me demanderiez pourquoi, après l'acceptation presqu'unanime d'un gouvernement qui sembloit devoir détruire tous les abus, on entend encore parler de complots, de trahisons, d'injustices, de plaintes.... Il faut donc remonter à la source, et dévoiler les auteurs de ce désordre. Ce sera à-la-fois vous montrer les malheurs de la république, et indiquer aux républicains le seul remède efficace qu'ils aient à y apporter.

Vous croiriez, Théophile, à entendre les horribles déclamations de nos cyniques modernes, que toutes les calamités qui désolent la France, viennent de la religion catholique, qu'ils ne désignent plus que sous les noms odieux de *fanatisme* et de *superstition*. Poussés par une haîne implacable contre cette religion sainte, et contre tout ce qui lui appartient, ils ne voient qu'en elle la source des maux qui affligent la terre. C'est elle qui énerve le courage ; c'est elle qui détruit l'énergie ; c'est elle qui étouffe la liberté ; c'est elle qui tue le patriotisme ; c'est elle qui fait les esclaves ; c'est elle qui enfante les meurtres, les assassinats. Parlent-ils des massacres de la Saint-Barthélemi, des vêpres siciliennes, des horreurs commises dans la Vendée et par toute la France, dans la révolution ? ce n'est que pour l'en rendre responsable, ou la montrer complice de crimes qu'elle abhorre. Aussi crient-ils aux quatre coins de la république, que si l'état chancèle, c'est le *fanatisme religieux* qui l'ébranle ; qu'il est impossible de fonder un gouvernement avec la *superstition* ; qu'il est de l'intérêt de tout républicain de secouer ces préjugés destructeurs. De-là ces persécutions atroces exercées de toutes parts contre les catholiques ; de-là ces temples prophanés, ces autels renversés, ces cachots regorgeant de prêtres. C'est ainsi, Théophile, que tandis que ces imposteurs sanguinaires tourmentent les chrétiens, qu'ils dévorent l'état et précipitent la chûte de la république, ils ont l'impudence d'accuser la religion de leurs propres crimes.

Pardon, philosophes, (*) si je vous rétorque l'argument : c'est peut-être une témérité de pré-

____

(*) Je respecte le vrai philosophe, c'est-à-dire, l'honnête homme instruit, qui consacre ses talens et ses veilles

tendre que des docteurs, qui se disent la lu-
mière de leur siècle, qui se donnent pour les
seuls sages et les seuls républicains, trompent
le peuple, le démoralisent, l'abrutissent et conduisent l'état à sa perte ; mais si je vous le
prouve, puissiez-vous vous montrer vraiment
sages, en changeant de langage et de conduite!
Non, philosophes, ce n'est point la religion
catholique, ce ne sont point ses ministres fidèles, ce ne sont point les chrétiens attachés
à la doctrine de ce *Jésus* que vous blasphêmez,
que vous outragez avec tant de fureur, qui
aveuglent les esprits, qui dépravent les cœurs,
et qui sapent les fondemens de la république :
c'est votre intolérante philosophie, ce sont vos
systêmes insensés, ce sont vos vexations ty-
ranniques, ce sont vos injustices en tout genre,
qui sont la cause efficiente et unique des maux
dont vous osez accuser la religion et ses enfans.

En lisant les philosophes de l'antiquité payen-
ne, on voit, Théophile, que ces sages, quoi-

____

à éclairer son esprit, à régler son cœur et à chercher les
moyens de rendre ses semblables meilleurs et heureux.
Ceux dont il est question ici ne sont que des usurpateurs
de ce beau nom, qui ne sera par conséquent dans cet écrit,
que le synonyme de mécréant, de fripon et d'impie.

que privés du secours de la révélation, et li-
vrés aux seules lumières de la raison naturelle,
posoient pour principe fondamental que la religion est l'ame des empires ; qu'un gouvernement qui n'a pas la religion pour base, est un
édifice construit en l'air ; que c'est détruire
toute société entre les hommes, que de leur
ôter la religion. Ainsi pensoient Platon, Ci-
céron, etc.

Depuis la publication de l'évangile, cette vérité a été reconnue par les philosophes qui ont
fait le plus de bruit dans le monde ; elle a été
avouée jusques dans notre siècle, par des hommes
savans, mais qui ne sont point suspects de dévotion. Voici comment s'exprime Montesquieu,
reconnoissant l'insuffisance des lois humaines,
pour contenir dans le devoir ceux qui gouver-
nent les états ; il dit : (*Esp. des Lois*, *l.* 24. *c.* 2.)
« Quand il seroit inutile que les sujets eussent
une religion, il ne le seroit pas, que les princes en eussent, et qu'ils blanchissent d'écume
le seul frein que ceux qui ne craignent point
les lois humaines, puissent avoir. » Un de nos
fameux athées, persuadé que « le commun des
hommes est trop corrompu et trop insensé pour
n'avoir pas besoin d'être conduit aux actions
vertueuses, c'est-à-dire, utiles à la société, par

l'espoir de la récompense, et détourné des actions criminelles par la crainte des châtimens, »
est forcé d'avouer, contre ses principes, que
la croyance des peines et des récompenses éter-
nelles, a plus de force que les lois. « Cette opi-
nion sans doute, dit-il, est le plus ferme fondement des sociétés ; c'est elle qui porte les
hommes à la vérité, et qui les éloigne du
crime. » (*Lettre de Trasibule à Leucipe.*) Enfin,
l'auteur du traité de la Tolérance, (*ch.* 20.)
dont toute la religion paroît être de n'en point
avoir du tout, n'a pu se dispenser d'en reconnoître la nécessité. « Par-tout, dit-il, où il y
aura une société établie, une religion est né-
cessaire ; les lois veillent sur les crimes publics,
et la religion sur les crimes secrets. »

Il faut donc, d'après les philosophes, une
religion dans l'état ; mais laquelle sera assez
heureuse pour mériter leurs suffrages ? Vous
vous étonnerez, Théophile, que ces docteurs
qui se sont fait, comme à l'envi, un mérite
de décrier le christianisme, sans doute parce
que ses dogmes humilient leur orgueil et que
sa morale contrarie leurs inclinations chéries,
lui aient néanmoins donné la préférence sur
les autres religions. Que ne peut pas la vérité !
elle force à sa louange l'imposteur même. En

effet, ils n'ont pu lui refuser la gloire d'avoir
contribué au bonheur des états qui l'ont admise. On feroit des volumes des éloges qu'ils
font de son influence sur la prospérité publique; je n'en citerai que quelques traits qui mé-
ritent d'autant plus d'attention, qu'ils partent
de la plume des coryphées de la secte régnante.
« Bayle, dit Montesquieu, après avoir insulté
toutes les religions, flétrit la religion chrétienne ;
il ose avancer que de véritables chrétiens ne
formeroient pas un état qui pût subsister. Pourquoi non ? Ce seroient des citoyens infiniment
éclairés sur leurs devoirs, et qui auroient un
très-grand zèle pour les remplir. Ils sentiroient
très-bien les droits de la défense naturelle ; plus
ils croiroient devoir à la religion, plus ils pen-
seroient devoir à la patrie. Les principes du
christianisme bien gravés dans le cœur, seroient
infiniment plus forts que le faux honneur des
monarchies, que ces vertus humaines des ré-
publiques, et cette crainte servile des états des-
potiques. » Pendant que les princes mahomé-
tans, dit encore le même auteur, (*Esprit des
Lois*, *l.* 24. *c.* 3.) donnent sans cesse la mort
ou la reçoivent, la religion chez les chrétiens
rend les princes moins timides, et par conséquent moins cruels. Le prince compte sur ses
sujets, et les sujets sur le prince. Chose admi-

rable ! la religion chrétienne, qui ne semble avoir d'autre objet que la félicité de l'autre vie, fait encore notre bonheur dans celle-ci. »

Jean-Jacques Rousseau, dont les pernicieux écrits seront toujours la source féconde de l'incrédulité, ne s'exprime pas d'une manière moins glorieuse pour la religion chrétienne. (*Emile, l. 3.*) « Nos gouvernemens modernes, dit-il, doivent incontestablement au christianisme leur plus solide autorité, et leurs révolutions moins fréquentes : il les a rendus eux-mêmes moins sanguinaires ; cela se prouve par le fait, en les comparant aux gouvernemens anciens. La religion mieux connue, écartant le fanatisme, a donné plus de douceur aux mœurs chrétiennes. Ce changement n'est point l'ouvrage des lettres ; car par-tout où elles ont brillé, l'humanité n'a pas été plus respectée : les cruautés des Athéniens, des Egyptiens, des empereurs de Rome, des Chinois en font foi. Que d'œuvres de miséricorde, ajoute-t-il, sont l'ouvrage de l'évangile ! Que de restitutions, que de réparations la confession ne fait-elle point faire chez les catholiques.......! »

Voilà donc, Théophile, le christianisme reconnu par ces pères de la philosophie et de la politique , pour celle de toutes les religions, qui peut le mieux assurer le bonheur et la durée d'un état. Mais ces aveux arrachés par la force de la vérité à des hommes dont nos philosophistes révolutionnaires ne prononcent les noms qu'avec un profond respect , devroient faire impression sur leur ame. Point du tout ! Comme leur but n'est ni la gloire de Dieu, ni le bonheur de la société ; qu'ils n'ont au contraire en vue que leur intérêt personnel et les moyens de satisfaire leurs passions , ils rejettent comme traits de foiblesse ou de préjugés d'éducation , tout ce que leurs maîtres ont dit en faveur de la religion chrétienne , pour ne s'attacher qu'à ce qu'ils ont laissé de propre à l'avilir aux yeux des peuples.

Parmi les mille et un chefs d'accusations qu'inventèrent les philosophes , dans tous les tems, contre le christianisme, j'ai souvent remarqué que leurs modernes disciples s'appesantissent sur-tout sur les suivans. Le christianisme, disent-ils , a toujours favorisé le despotisme des rois ; l'opulence de ses ministres n'étoit que le fruit de l'imposture et de l'usurpation ; leur puissance avoit été ciméntée par le sang des peuples, qu'ils promettoient de rendre heureux; les guerres allumées par cette religion, toujours plus opiniâtres et plus cruelles que les autres, prouvent le danger qu'il y a de la conserver dans la république, et devroient apprendre au peuple à profiter de la révolution pour la bannir à jamais de la France. Telles sont, Théophile, les calomnies atroces, les blasphêmes exécrables que l'on entend tous les jours sortir de la bouche de ces nouveaux réformateurs.

Il n'entre point dans mon plan de développer ici les nombreuses preuves qu'il seroit facile de donner de la fausseté de ces reproches; si j'en dis quelque chose, c'est pour confondre encore ces ennemis de tout bien par l'autorité de leurs maîtres. Je m'arrêterai de préférence à démontrer, par l'exposé de leur conduite constante et uniforme, que tous les crimes qu'ils rejettent sur la religion et sur ses ministres, sont les effets naturels de leur philosophie et leur propre ouvrage.

1°. Il est faux que le christianisme favorise le despotisme. Qu'on lise, sans prévention et sans partialité, sa constitution, qui est l'évangile; on y verra tout le contraire. On verra que s'il commande l'obéissance aux puissances de la terre, que s'il exige que ses enfans leur soient soumis par principe de conscience; il

impo se

impose aussi aux chefs de la société l'obliga-
tion d'être justes, de faire des lois équitables,
de gouverner avec sagesse, de travailler au
bonheur des peuples; qu'il annonce pour prix
de leur injuste tyrannie, la même éternité de
supplices, dont il menace la désobéissance de
leurs sujets. Mais laissons parler le philosophe
Montesquieu : son autorité fera sans doute plus
d'impression sur ces raisonneurs, que l'évangile. « La religion chrétienne, dit-il, (*Esp. des
Lois. l. 24. c. 3.*) est éloignée du pur despotisme ; c'est que la douceur étant si recom-
mandée dans l'évangile, elle s'oppose à la colère despotique avec laquelle le prince se feroit
justice, et exerceroit ses cruautés. » Donc la
religion chrétienne réprime le despotisme, au
lieu de le favoriser.

2°. Il est faux que le clergé se soit enrichi
par impostures et usurpations. Il paroît par
l'histoire, que les grandes richesses du clergé
datent du règne de Constantin. Or nul historien voisin de ces tems-là, n'a accusé le clergé
d'avoir séduit l'empereur pour lui extorquer des
biens ; Fleury (*Tom. 3.*) dit au contraire que
les pensions annuelles qu'il donnoit aux clercs,
étoient mesurées sur sa *libéralité*, plutôt que sur
leurs besoins : il n'étoit donc pas forcé. Depuis

l'époque de l'entrée du christianisme en France, le clergé a possédé des domaines, des dîmes, des immunités : les a-t-il extorqués ? On voit au contraire qu'ils ont été le prix de sa fidélité et des services qu'il rendoit à l'état. (V. *Ducange.*)

Montesquieu, qui ne voyoit pas sans humeur tant de richesses, n'a pu s'empêcher de dire, (*Espr. des Lois. l.* 24. *c.* 5.) que « les lois de Charlemagne sur l'établissement des dîmes, étoient l'ouvrage de la nécessité ; que la religion seule y eut part, et la superstition n'en eut aucune. » Enfin, le clergé a été alternativement enrichi et dépouillé : enrichi dans le calme de la paix, dépouillé dans le trouble des révolutions ; et il en sera encore de même dans la suite des tems. (*) Mais ces spoliations eurent-elles jamais pour fin la gloire de Dieu et le profit de l'état ? On montre aujourd'hui un acharnement indécent à insulter à notre pau-

____

(*) Je ne prétends point faire le prophête : je ne dis que ce que disent l'équité, le bon sens et l'expérience du passé. J'entends moins encore exprimer le desir du retour de nos anciennes richesses ; si Dieu exauçoit ma prière, le ministre de l'évangile ne posséderoit jamais d'autre domaine que son logement et une pension honnête constitutionnellement établie à l'instar de celle de 1790. Il seroit plus à son devoir, et feroit moins de jaloux.

vreté. On nous reproche, que nous possédions un tiers de la France, et on s'applaudit d'avoir enfin arraché *ces biens immenses à des hommes inutiles*. Combien l'aveuglement des passions fait raisonner gauchement ! Eh bien ! un grand nombre de ces *hommes inutiles*, graces à l'humanité des philosophes, est mort dans la misère ; le reste est dans l'indigence. Ces biens immenses sont rentrés dans le commerce : le peuple devroit donc être un tiers plus riche, un tiers plus heureux ; et c'est le contraire : il est moitié plus vexé, moitié plus misérable, que lorsque ces hommes inutiles possédoient ces biens immenses ; j'en appelle à son propre témoignage. Je ne prétends point justifier toutes les acquisitions du clergé ; il peut y en avoir eu quelques-unes de frauduleuses : mais ses détracteurs ignorent-ils à quels traits ils se sont fait connoître ; et ne devroient-ils pas être assez sages pour ne jamais employer, contre lui ni contre personne, les termes *d'imposture*, *d'usurpation*, et autres semblables ?

3°. Il est faux que le christianisme se soit établi, et qu'il ait cimenté sa puissance par l'effusion du sang ; à moins qu'on ne voulût dire que plus on versoit le sang des chrétiens, plus leur religion se répandoit et s'affermissoit.

En ce sens l'assertion seroit vraie ; Tertullien le dit expressément. Mais ce n'est pas sûrement ainsi que l'entendent nos philosophes : pour rendre la religion chrétienne odieuse au peuple, ils voudroient lui persuader qu'elle s'est établie comme celle de Mahomet, le sabre à la main. Pour répondre à un pareil blasphême, je pourrois renvoyer ces frénétiques à la confession de foi de Montesquieu et de Jean-Jacques Rousseau, page 5. J'ajouterai cependant un mot d'un autre philosophe célèbre, plus hypocrite que les précédens, suivant le rapport de Hérault - Séchel ; mais qui n'étoit pas dans le fond meilleur chrétien : c'est M. de Buffon. Voici le témoignage vraiment glorieux qu'il rend au christianisme. (*Hist. Nat. t. 6.*) « Les missions, dit-il, ont plus formé d'hommes dans les nations barbares, que les armées victorieuses des princes qui les ont subjuguées : le Paraguai n'a été conquis que de cette façon. Le bon exemple, la charité et l'exercice de la vertu constamment pratiquée par les missionnaires, ont touché ces sauvages, et ont vaincu leur défiance et leur férocité ; ils sont venus souvent demander d'eux-mêmes, à connoître la loi qui rendoit les hommes si parfaits ; ils se sont soumis à cette loi, et réunis en société Rien ne fait plus d'honneur à la religion, que

d'avoir civilisé ces nations, et jetté les fondemens d'un empire, sans autres armés que celles de la vertu. » Ce n'est donc pas en sabrant
les sauvages du Paraguai, que les jésuites les
ont *civilisés*, qu'ils les ont disposés à se *réunir*
en société, qu'ils en ont fait des *hommes*. Non,
c'est avec les seules armes de la vertu qu'ils ont
jetté les fondemens de cet empire ; mais le
christianisme en a-t-il employé d'autres contre
les divers peuples qu'il a soumis à l'évangile ?
Cette assertion seroit encore démentie par le
texte même : car il ne s'agit pas seulement du
Paraguai, mais des autres *nations barbares* où
il a pénétré ; et l'on ne conçoit guères comment une loi put rendre les hommes si *parfaits*
en les égorgeant.

Nos déclamateurs ne s'arrêtent pas à de pareils faits : ils en veulent au christianisme, ils
veulent le trouver coupable, ils récapitulent
d'un air triomphant ce qu'ils appellent guerres
de religion ; comme si les guerres qui ont eu
lieu sous prétexte de la religion, devoient être
imputées à la religion elle-même. Je ne citerai ici qu'un mot de Jean-Jacques Rousseau,
(*Lettre à M. de Beaumont.*) qui suffiroit pour
fermer la bouche à des hommes moins haîneux.
« Examinez, dit-il, toutes vos précédentes

guerres, appelées guerres de religion ; vous trou-
verez qu'il n'y en a pas une qui n'ait eu sa
cause à la cour et dans les intérêts des grands.
Des intrigues de cabinet brouilloient les affai-
res, et puis les chefs ameutoient les peuples au
nom de Dieu. » Ce n'est donc pas la religion
qui a allumé ces guerres ; c'est donc une attoce
calomnie de la vouloir rendre responsable des
maux qu'elles ont faits à l'humanité. Ainsi, Théophile, voilà la religion justifiée par les pères
mêmes de la philosophie, des calomnies que les
avortons du jour se plaisent à débiter contre elle.
Ainsi, il demeure prouvé par ces mêmes philosophes, que l'homme est d'autant plus patriote,
qu'il est plus chrétien ; que le christianisme établit
la confiance entre les chefs de la société et les
citoyens qui en sont les membres ; qu'il adou-
cit les mœurs ; qu'il rend les gouvernemens
moins cruels et moins sanguinaires ; qu'il en
écarte les révolutions ; qu'il conduit à la vertu
et éloigne du crime ; que la prospérité et la stabilité d'un état tiennent essentiellement à la religion chrétienne ; qu'enfin il n'est solidement
constitué, qu'autant qu'il l'a pour base.

Comment donc se peut-il faire que des
hommes qui publient avec tant d'emphase les
talens, les vertus, la saine politique de ces

philosophes ; qui se glorifient sur tout d'être les disciples fidèles de Jean-Jacques Rousseau , se montrent si acharnés à persécuter en France , une religion qui faisoit l'admiration de leurs maîtres ; à décrier ses mystères , ses dogmes et sa morale , qui n'inspirent que la vertu ; à tourmenter ses ministres , qui sacrifient tout au bien de la paix et à l'affermissement de la république ? Veulent-ils donc étouffer le patriotisme dans le cœur des citoyens ? Veulent-ils bannir de la société l'accord , la confiance et toutes les vertus ? Veulent-ils enfin du sang , des meurtres , des crimes , des révolutions ? Vous frémissez , Théophile , à cette pensée : eh ! quel seroit l'homme de bien qui pût y songer sans horreur !

Tel est cependant évidemment le vœu de ces impies. Orgueilleux jusqu'à l'insolence , ambitieux sans mesure , égoïstes sans bienséance , ils ne voient qu'eux dans le monde. Ils n'ont du républicain que le masque ; la patrie n'est pour eux qu'un champ à moissonner. Briguer des emplois , élever rapidement de scandaleuses fortunes , jouir de tous les plaisirs de la vie ; voilà tout l'objet de leurs desirs. Pour cela , il ne leur faut pas d'ordre dans l'état , c'est l'anarchie qui leur convient. Semblables au

4

pêcheur qui trouble l'eau devant son filet, pour dérober au poisson le piège qu'il lui a tendu, ils ne cherchent que la confusion et le désordre. Il faut que la république soit comme leur conscience, toujours dans le trouble et l'agitation, toujours en révolution ; parce que c'est dans ce cahos que le peuple étant divisé, comprimé, terrifié, ils le changent à leur aise.

Je ne crois pas néanmoins qu'ils aient le projet de renverser entièrement la république, et de ressusciter la royauté, comme plusieurs se l'imaginent : ils se conduisent de manière à ne pas mieux mériter la confiance d'un roi, que celle des républicains ; et peut-être que dans un changement de régime, la chance ne leur seroit pas favorable : mais il est de toute évidence que leur doctrine et leur conduite précipitent à grands pas la chûte d'un gouvernement. Car, Théophile, si, comme l'avouent les célèbres politiques que j'ai cités, la religion devient le plus ferme appui d'un état, parce qu'en offrant à l'homme une récompense éternelle pour prix de ses bonnes actions, et en le menaçant de punir ses crimes par d'éternels supplices, elle réprime ses passions et le conduit à la vertu ; il est clair qu'une doctrine diamétralement opposée à ce dogme essentiel, ne peut que hâter

la ruine de la république : or, quelle est celle
de ces impies ? Les uns crient qu'il n'y a point
de Dieu ; les autres font de ce Dieu un être
impuissant ou apathique , spectateur indolent
des actions humaines ; la plupart assimilent leur
ame à celle des brutes ; tous mettent le bonheur
de l'homme dans la jouissance des plaisirs, dans
la volupté. Le démon dit à nos pères : vous
serez comme des dieux ; et ces docteurs nous
disent : vous serez comme des bêtes. (*) (*J.-J.
Rouss. Emil. t.* 1.) « Ainsi , renversant , détruisant , foulant aux pieds tout ce que les hommes
respectent, ils ôtent aux affligés la dernière consolation de leur misère ; aux puissans et aux
riches, le seul frein de leurs passions ; ils arra-
chent du fond des cœurs les remords du crime ,
l'espoir de la vertu , et se vantent encore d'être
les bienfaiteurs du genre humain. » Enfin, insurgés contre l'espèce humaine , dont ils sem-
blent avoir juré la perte, ils ne gardent plus
de mesure. Il n'est pas un homme de bien qui
ne frémisse en lisant leurs libelles anti chrétiens ;
en entendant leurs conversations obscènes, leurs
déclamations blasphêmatoires, quelquefois jusques sur l'autel de la patrie.

Cependant, Théophile, c'est avec cette doc-

(*) Le philosophe moderne.

trine insensée et corruptrice, qu'ils veulent fonder une société durable, et ass rer le bonheur
des citoyens. C'est en persuadant aux hommes
qu'ils n'ont rien à espérer ni à craindre après
cette vie, qu'ils prétendent les attacher à la
patrie, et en faire des républicains. Peut-on
concevoir que des hommes qui se disent si éclairés, aient ainsi abjuré jusqu'au sens commun?
Philosophes aveugles, à quoi pensez-vous? à
quoi vous exposeriez-vous, si votre morale
étoit admise? Eh! s'il n'y a point de Dieu, si
mon ame n'est qu'un peu de boue organisée,
si le néant doit être mon partage après la mort,
que m'importe la chose publique? Quel intérêt ai-je à sa gloire, à sa prospérité? Qu'ai-je
à respecter dans le monde? Mon bonheur est
dans la volupté, ma passion est ma loi. Votre
honneur, vos biens, votre vie, n'ont plus de
garantie contre moi, si mon plaisir est de vous
les enlever. Le fer, le feu, le poison; tout
m'est permis, si c'est pour moi une jouissance
d'empoisonner, d'incendier et de détruire. Di-
rez-vous que l'honneur, la probité sont le frein
naturel des passions? Mais l'honneur, la probité se trouvent-ils chez l'impie? Connoît-il
de la vertu autre chose que le nom? Qui ne
craint pas Dieu, ne craint rien; qui ne craint
rien et a des passions, n'a point de barrière

contre tous les genres de crime. (*) Voilà, philosophes, comment, en dégradant la religion chrétienne, vous dégradez l'humanité. Voilà comment, en parlant de fraternité, de civisme, vous armez les membres de la société les uns contre les autres. Voilà enfin comment, en détruisant et la foi et les mœurs, vous tendez à faire des français un peuple de brigands.

Ces réflexions, Théophile, sont d'autant plus désolantes, qu'elles sont plus vraies ; car, pour juger des funestes effets que produiroit cette doctrine philosophique sur la généralité du peuple, nous n'avons qu'à jetter un coup-d'œil sur ceux qu'elle a déjà opérés chez les prosélytes qu'elle a faits dans la révolution. D'abord, s'ils n'avoient que peu ou point de religion, si leurs œuvres étoient mortes, au moins ils n'affichoient point le scandale ; ils conservoient les dehors de la vertu. Mais depuis que la philosophie, rompant toutes les digues de la pudeur et de l'honnêteté, a jetté la religion dans le mépris, et qu'ils ont pû lâcher impunément la bride à leurs passions, quel débordement affreux ! Le libertinage de l'esprit et du cœur est porté à son dernier période ; la dépravation des mœurs est à son comble ; la licence n'a plus

____

(*) Religion nationale.

de bornes ; la bienséance n'est qu'un vain mot ; la foi des sermens n'est plus la garantie de leur parole ; l'époux ne garde plus la foi conjugale ; l'épouse ne déguise plus ses intrigues honteuses ; le mariage, ce lien sacré, si respecté chez les payens mêmes, n'est plus chez eux qu'un trafic infâme d'impudicités : et tel seroit infailliblement l'état déplorable où se trouveroit bientôt la France entière, si le ciel en courroux permettoit que cette infernale philosophie continuât ses progrès.

Il est donc démontré que ces philosophes, loin d'être les bienfaiteurs de la société et les colonnes de l'état, en sont l'opprobre et le fléau ; qu'en jettant dans le cœur des hommes leur désolante doctrine, ils minent sourdement les fondemens de la république. Mais la voie des préceptes est toujours longue. Des générations se succéderoient auparavant que le peuple français, élevé dans les principes du christianisme, eût pu se résoudre à substituer à la sainteté de sa morale, des maximes qui déshonorent l'humanité et qui révoltent la raison ; et ces messieurs ne satisferoient jamais leur ambition et la soif de l'or, qui les dévore. C'est pourquoi ne comptant point sur les récompenses de l'autre vie, ils tâchent de jouir dans celle-ci, sans se montrer scrupuleux sur les moyens. C'est sur-tout, Théophile, par leur conduite injuste, tyrannique et féroce, qu'ils vont achever la ruine de la république, si ses amis tardent encore à venir à son secours. Les coups terribles qu'ils lui portèrent dès le commencement de la révolution, ceux qu'ils lui portent encore, doivent infailliblement produire cet effet. Je vais vous donner une légère idée de leurs forfaits, en attendant que l'histoire en trace le tableau, si toutefois il se trouve un historien capable de les peindre sous les couleurs qui leur conviennent. Je pars de l'époque de la terreur, vers la fin de 1793.

A peine le nouveau Cromwel, le féroce Robespierre, se fut-il emparé de tous les pouvoirs, que la France fut couverte de proconsuls, d'échaffauds et de bourreaux. On ne connut plus ni constitution, ni lois ; les magistrats sans autorité, ne furent plus que des machines menées par la volonté du tyran qui leur commandoit en despote. Tous les impies furent à ses ordres : il en forma des compagnies sous différentes dénominations ; toutes, comme lui, avides du sang et de l'or des citoyens. Les unes, sous le nom spécieux de *comités de surveillance*, rassembloient les victimes ; d'autres, sous le titre brillant de

tribunaux révolutionnaires, ou de *commissions militaires*, les envoyoient à la mort par charretées.(*)
Par-tout la guillotine fut mise en permanence;
par-tout le sang coula à grands flots. Les che-
veux dressent d'horreur, quand on se rappelle
les scènes sanglantes qui remplirent de deuil
Paris, Lyon, Marseille, Bordeaux et Nantes.
J'ai vu aux Sables, guillotiner par douzaines,
quatre-vingt quelques personnes dont le crime,
pour la plupart, étoit d'avoir pour juges des
philosophes. L'exécuteur ne pouvoit manger son
pain, par l'horreur du sang; les juges regardoient
comme les plus beaux jours de la république,
ceux où ils en faisoient répandre davantage. (**)

Dans les départemens insurgés, et que l'on
insurgeoit à dessein, le crime seul avoit un
asile; la probité n'en avoit point : il n'y avoit

____

(*) Je suis loin de vouloir confondre dans la masse
des scélérats qui composoient ces sanguinaires associa-
tions, tous les individus qui en furent membres. Il y
eut, graces au ciel, pour le salut de l'innocent, plusieurs hommes de bien qui furent forcés d'y prendre
place. S'il ne s'en fût pas trouvé quelques-uns aux Sables, je n'écrirois pas cette histoire.

(**) J'ai vu le bourreau de Fontenay pleurer les victimes qu'il lui falloit immoler; et Ph.***, président de
la commission, regrettoit de ne pas lui en fournir un
plus grand nombre. Un citoyen défendoit un jour un

pour elle qu'allarmes , frayeurs ou la mort.
Tandis que les tyrans vivoient dans le luxe et
l'abondance , et qu'ils grossissoient leurs domaines , le peuple versant des larmes , alloit
acheter à grands frais quelques onces de pain
que les animaux ne pouvoient manger. Des
hommes se disant les pères des pauvres , ache-
tant tout du peuple en assignats discrédités, ven-
doient aux malheureux le boisseau de froment
trente francs en écus, et vingt-quatre francs en
petits capets. Ils appeloient ainsi les louis d'or.

Le soldat, qui devoit être la force du citoyen
et le soutien de la patrie , étoit employé par
ses chefs à violer les femmes , à fusiller les
cultivateurs , à brûler les habitations et les sub-
sistances....... Tomboit-il dans un combat?
son corps sans sépulture étoit abandonné aux
bêtes. Mouroit-il dans un hôpital ? on le portoit *absolument* nud , jetter dans un trou comme
un vil animal. Enfin, Théophile, vous ne vous
ferez jamais une juste idée des crimes qu'en-
fanta la philosophie dans ces jours de cala-

---

accusé, il prouva l'incompétence de la commission. Le
président philosophe, sans s'arrêter à cette incompétence, envoya du plus grand sang-froid le malheureux
à la guillotine ; *attendu*, dit-il, *que la commission
avoit coutume de juger en pareil cas.*

mités. Il falloit la révolution pour connoître les philosophes.

Mais c'est sur-tout contre la religion catholique et contre ses ministres, que ces nouveaux vandales signalèrent leur rage. On les vit tout-à-coup, les uns travestis en missionnaires, courir les villes et les campagnes, prêcher aux chrétiens qu'il n'y avoit point de Dieu, et qu'ils n'avoient point d'ame ; d'autres, transformés en alguazils, poursuivoient les prêtres, comme on poursuit les bêtes sauvages. Les réfractaires furent noyés, fusillés, assommés, comme ennemis de la révolution, ou jettés dans des prisons flottantes, où des geoliers inhumains les dépouilloient, leur enlevoient la meilleure part de la modique subsistance qui leur étoit accordée, et se faisoient un amusement de les tourmenter en mille manières.

Comme on ne pouvoit accuser les constitutionnels d'incivisme, leur crime fut aux yeux des persécuteurs, leur attachement à la religion et leur zèle à en propager les principes. Proscrits sous le nom de *fanatiques*, ils furent mis entre le glaive et l'infâmie. Là, on leur disoit : la *guillotine* ou une *femme* ; ici, *l'abjuration* ou la *mort*. Il faut avouer, à la honte du sacerdoce, que quelques-uns par crainte, d'autres par im-

moralité

moralité ou par esprit de nouveauté, se cou-
vrirent de déshonneur ; mais on sait que l'imposture se plut à exagérer le nombre des apos-
tats. La plus grande partie conserva la foi et
confessa Jésus-Christ. Plusieurs, selon la pro-
messe du Sauveur, furent jettés dans les cachots
ou conduits à l'échaffaud : tous furent chargés
d'injures, couverts de mépris, rassasiés de
toutes sortes d'opprobres, et arrachés à leurs
fonctions. Les églises furent tout-à-coup dévas-
tées, pillées, brûlées, ou converties en *temples
de la raison*, c'est-à-dire, en salles d'abomina-
tions et de scandales. Les chaires d'où, quelques jours auparavant, le peuple avoit entendu
de la bouche de ses ministres, les vérités con-
solantes de la religion, les leçons de la charité,
de la sobriété, de la pudeur......, ne furent
plus occupées que par des forcénés, le sabre
au côté, déclamant avec fureur contre Jésus-
Christ et contre son culte ; prêchant publiquement la licence et l'immoralité. C'est alors que
se vérifia à la lettre cette parole de l'évangile :
*Ma maison est une maison de prières, et vous en
avez fait une caverne de voleurs.* (*Luc.* 19. 46. *)

____

(*) Au lieu de l'inscription *temple de la raison*, qu'on
lisoit sur le frontispice de ces églises déshonorées, la sui-
vante, qui fut faite pour l'église des Sables, eût infiniment mieux convenu.

Par-tout les signes du culte catholique furent jettés au feu, avec autant d'empressement que si c'eût été des notes d'infâmie pour la nation : on alloit jusques dans l'intérieur des maisons, briser les images. Nos nouveaux philosophes s'honoroient de porter une guillotine pour armoiries ; une femme chrétienne ne pouvoit porter une croix pendante sur son sein. Enfin, on poussa l'impiété jusqu'à traîner les crucifix dans les rues, la corde au cou, et les souffleter par dérision ; à les fouler aux pieds ; à les brûler en triomphe sur les places publiques, avec l'évangile et les livres de prières. Invoquer même le nom de Dieu, prononcer le nom de Jésus-Christ, porter le nom d'un saint, étoient des preuves d'incivisme, des titres de proscription ; pour se dire républicain, il falloit abjurer son baptême. On vit des administrations entières se rendre coupables de cette apostasie, rejetter avec mépris les noms des héros chrétiens dont ils avoient été honorés à leur naissance, et prendre avec orgueil ceux des héros du paganisme. Tous étoient devenus tout-à-coup des Thrasibule, des Cassius, des Aristide, des Brutus,

---

Jadis, je rassemblois un peuple vertueux,
Pour rendre à l'éternel son hommage et ses vœux ;
Mais depuis que l'on vit de mensonges et d'erreurs,
Je ne suis plus, hélas ! qu'un antre de voleurs.

des Métellus, des Barneveld...... Tout cons-
piroit, ce semble, à bannir non-seulement des
cœurs mais du langage français, tout ce qui
ressentoit la religion. Assurément, les philosophes
ne feront point de reproches aux juifs : ils les
surpassèrent en impiétés et en blasphêmes ; et
on pourroit dire sans hyperbole , qu'il n'étoit
point de tigres dans les forêts qui les égalas-
sent en cruauté. (*)

Vous concevez, Théophile, que ces atroci-
tés, qui durèrent près d'un an, durent désoler
un peuple accoutumé depuis des siècles à servir
Dieu librement, et lui rendre odieuse une révolution qui lui enlevoit ce qu'il avoit de plus
cher. Robespierre sentit que son système alloit
trop loin ; il fit donc décréter par la conven-
tion nationale qu'il y avoit un être suprême, et
que l'ame étoit immortelle. A l'instant, nos
athées du 18 floréal , devenus déistes le 20
prairial, dimanche de la Pentecôte , élevèrent
des montagnes sur les places publiques, dres-
sèrent des *autels de la patrie* qu'ils déshonoroient,

(*) Le tigre ne mange point le tigre et respecte la
nature, quand il obéit aux lois de l'amour : on vit de
ces philosophes, vrais antropophages, manger des cœurs,
des oreilles d'hommes, et poignarder des femmes dans
l'acte du plaisir.

2

préchèrent le Dieu de leur maître, *un être su-prême* dont ils prirent la définition, pour la plupart, dans le pseaume *In exitu Israël*. Ce changement subit de doctrine ne surprit personne. On connoissoit déjà les philosophes de la révolution pour des hommes à circonstances, c'est-à-dire, des hommes sans principes, sans caractère ; prêts à tout, selon que leur ambition ou leur intérêt les dirigent. (*)

Dès ce moment, le peuple conçut des espérances, entendant parler d'un être suprême ; il ne s'imagina pas que ce fût un Dieu automate, dont on venoit lui prêcher avec emphase l'inutile existence. Il pensa que c'étoit le Dieu des

(*) Je suppose la paix faite, la constitution en pleine activité, le gouvernement attentif à faire exécuter la loi et à réprimer tout acte contraire : si j'étois propriétaire d'un million, j'oserois le parier contre un sou que s'il étoit décrété que nul français, né catholique et n'ayant point professé d'autre avant la révolution, ne pourroit occuper aucune charge publique sans aller à confesse tous les mois, et faire ses pâques tous les ans........ ; les vrais catholiques seroient souvent forcés de manquer à ces devoirs, parce qu'il n'y auroit ni assez de prêtres, ni assez de tems pour satisfaire à la subite dévotion des philosophes. Tant je suis persuadé et tant il est vrai que ces bâtards de l'espèce humaine sont au dehors tout ce que l'on veut, moyennant des honneurs er de l'argent !

chrétiens , le Dieu souverain de l'univers, qu'il avoit autrefois adoré publiquement, et qu'il ne pouvoit, depuis quelques mois , servir que dans le secret de son cœur : il crut, dis-je, appercevoir la fin de la persécution , le rétablissement de l'ordre et le retour de son culte. Cependant, l'an 3 s'écoula presqu'en entier auparavant qu'il pût rétablir quelques églises et rappeler ses ministres. Enfin , le 7 vendémiaire an 4, il sortit une loi sur la police des cultes , qui sembloit annoncer que le calme alloit succéder à la tempête ; et que la douceur du régime constitutionnel prenant la place des fureurs du décemvirat , le chrétien jouiroit de la même liberté que le juif et le musulman : mais les nombreuses victimes immolées à la rage des philosophes, n'avoient point éteint la haîne qu'ils ont vouée à la religion et aux prêtres.

L'an VI étoit à peine commencé , que les catholiques se sentirent menacés d'une prochaine secousse ; le 14 germinal suivant donna en effet le signal d'une nouvelle persécution. L'institution du décadi fut le prétexte ; et la loi du 19 fructidor an V , fournit les moyens de l'exercer. En vain le législateur avoit déclaré que cette loi ne regardoit que les prêtres perturbateurs de l'ordre établi, et non les constitutionnels, qui en sont le plus ferme soutien ; les philosophes l'exécutèrent en sens contraire. Il est vrai que les réfractaires qui ne figurent pas sur la scène anarchique ou contre-révolutionnaire, ne furent pas épargnés, et que le privilège d'impunité ne fut que pour ces boutefeux qui n'ont de zèle que pour troubler l'état et déshonorer la religion (*) ; mais les grands coups devoient tomber sur les constitutionnels en fonctions, comme étant les plus redoutables ennemis du système anarchique. On les *invita* donc à transférer la solemnité du culte public au décadi, et à annoncer au peuple que les décadis et les fêtes nationales étoient les seuls jours

---

(*) C'est la remarque de bien des patriotes que, dans cette persécution, ceux des insermentés qui demeuroient paisibles chez eux, ont été arrêtés ; et que les autres qui, depuis 1790, n'ont cessé de souffler la discorde et d'outrager la religion, ont été soigneusement sauvés. Cette remarque a été faite notamment dans notre département, à l'égard des *François*, des *Dauge*, et de quelques autres de même trempe, vivans tranquilles à la Rochelle depuis plusieurs années. Seroit-ce bien, comme on dit, l'amour de la religion et de la patrie qui veilleroit à la sûreté de ces hommes que Cérutti a si bien peints, quand il a dit :

De tous les animaux qui ravagent nos champs,
Le prêtre qui nous trompe, est le plus malfaisant.

de repos. Ainsi plus de dimanches, plus de fêtes religieuses ; pour être républicain il falloit encore cesser d'être catholique.

J'ai dit, Théophile, qu'on les invita. En effet, pour les amener à cette défection, on ne prit pas d'abord des moyens violens : on exaltoit au contraire leur civisme ; on relevoit avec affectation les preuves qu'ils avoient données de leur amour pour la république et de leur soumission aux lois ; on leur exposoit d'un ton amical le droit qu'a la république de déterminer ses jours de repos ; on leur développoit les beautés, la facilité du calendrier nouveau, ses rapports avec les saisons.....; on essayoit de leur prouver la nécessité de la coïncidence des solemnités religieuses avec le repos civil, pour concilier le devoir du chrétien avec ceux du citoyen ; on les assuroit de la bienveillance du gouvernement s'ils se servoient de leur influence sur les habitans des campagnes, pour opérer cette sage et importante réforme ; enfin, on promettoit de leur faire payer exactement, et de suite, leurs pensions, s'ils provoquoient les changemens desirés, c'est-à-dire, s'ils provoquoient la destruction de la religion et du culte. Cependant, notez, Théophile, que ces douces et tendres invitations, ces généreuses promesses

4

finissoient toutes par la menace de la prison et de la déportation.

Quelques prêtres, soit par ignorance, soit par foiblesse, ou plus jaloux de leur tranquillité qu'attachés aux intérêts de la religion et de la patrie, cédèrent à ces perfides insinuations. Tous les autres, formant encore le plus grand nombre, déclarèrent hautement qu'ils ne pouvoient composer avec la loi de Dieu ; réclamèrent la constitution qui, en garantissant la liberté de tous les cultes, sembloit leur assurer le droit d'exercer le leur, suivant les canons : ils prouvèrent que la loi du 4 frimaire an II, en déclarant, article II, « que l'ère vulgaire est abolie pour les usages civils », montre évidemment qu'elle ne change rien dans les usages religieux : ils citèrent la loi du 7 vendémiaire an IV, qui porte en termes formels, article III du titre II, « qu'il est défendu (sous peine d'amende et de prison) à tous juges et administrateurs d'interposer leur autorité, et à tous individus d'employer les voies de fait, les injures ou les menaces, pour contraindre un ou plusieurs individus à célébrer certaines fêtes religieuses, à observer tel ou tel jour de repos ; ou pour empêcher lesdits individus de les célébrer ou de les observer, soit en les forçant à ouvrir ou fermer les atteliers, boutiques, magasins, ou de telle autre manière que ce soit » : ils invoquèrent la déclaration des Droits, qui dit, article 7, que « nul ne peut être contraint à faire ce que la loi n'ordonne pas » : enfin, ils démontrèrent avec évidence que la déclaration des Droits, la constitution, les lois, la justice, l'équité, tout étoit en leur faveur ; et que la tyrannie seule pouvoit venir les troubler dans leurs fonctions. Mais que peuvent la constitution et les lois, sur des hommes qui n'ont de guides que leurs passions, et qui se voient sûrs de l'impunité ! que peuvent la justice et la raison, sur les philosophes d'aujourd'hui ! Ils ne répondirent à ces argumens invincibles que par des excès de barbarie.

Alors, Théophile, le masque tomba ; la douceur hypocrite de ces anti-prêtres se convertit en fureur ; tout-à-coup la fermeté religieuse et vraiment républicaine des prêtres fidèles, fut traitée de révolte contre la loi. Ils furent accusés de vouloir détruire les institutions républicaines, de contrarier le vœu du gouvernement ; comme si le vœu du gouvernement pouvoit être différent de celui de la constitution et du peuple. Alors s'élevèrent contre eux autant de persécuteurs qu'il se trouva de philosophes. Ceux qui étoient en autorité, prononçoient les arrêts de proscription ; ceux qui n'avoient point d'emploi, s'en créèrent un. Les uns firent le métier d'espions, de dénonciateurs ; d'autres trafiquoient de la liberté des proscrits, à cent francs par tête, plus ou moins, selon que le sujet étoit plus ou moins haï ou redouté des persécuteurs. Alors ils se virent encore une fois arrachés à leurs fonctions, jettés par troupes dans les prisons, transportés sur les sables brûlans de la Guyanne-Française, sous le nom vague de perturbateurs, sans être entendus ni jugés, sans avoir même la faculté d'appeler à un tribunal quelconque. Je ne vous peindrai point les injustices et les fureurs où porta la haîne de la religion et des prêtres, ni l'activité qu'elle mit dans l'exécution de ses exécrables projets : il suffit de vous dire que dans l'espace de quelques mois, par-tout où la philosophie dominoit, les pasteurs furent dispersés, mis en fuite ou arrêtés ; que des départemens entiers se trouvèrent tout-à-coup sans culte et sans ministres.

Telle est, Théophile, la dernière crise que nous venons d'essuyer, et qui malheureusement n'est point encore finie. puisqu'un très-grand nombre de prêtres innocens gémissent encore

dans les prisons, et que nous avons à craindre chaque jour de la voir se renouveler ; parce que les philosophes ont toujours la même
haîne, toujours le même prétexte. C'est toujours nous qu'ils accusent de renverser les institutions républicaines ; imputation aussi calom-
nieuse que les précédentes , dont je vous ai
montré la fausseté et l'injustice.

Certes, les prêtres n'ignorent pas que la république a le droit d'instituer des fêtes civiques,
un décadi si elle le veut. Ils n'ignorent pas que
parmi ces fêtes, il en est dont l'objet est propre à inspirer du respect et de l'intérêt ; telles
par exemple, celles de la fondation de la république, de la souveraineté du peuple, de la
reconnoissance, de la vieillesse, etc., qui rappellent des époques mémorables, et qui prêtent
aux plus beaux traits de morale. Loin de contrarier ces institutions, ils les ont favorisées autant qu'ils ont pu. Ils se sont fait un devoir d'y
assister, d'y inviter leurs concitoyens, la jeunesse sur-tout, pour se nourrir de ces sentimens
patriotiques et républicains qui auroient eu les
plus heureux effets, si le but de la loi eût été
rempli. Mais voyant ces fêtes ridiculement cé-
lébrées, devenir des sujets ou des prétextes de
vexations contre le peuple, de blasphêmes con-

tre une religion qu'ils doivent soutenir au prix de leur sang ; ils n'ont plus reconnu dans ces cérémonies insignifiantes, la majesté des fêtes nationales ; ils n'y ont vu que des farces de batteleurs, et se sont rallentis par respect pour la république qu'ils voyoient outragée ; ils ont gardé le silence sur un scandale qu'ils ne pouvoient empêcher ; le peuple lui-même a jetté des cris d'indignation et s'est retiré. Ce n'est donc ni aux prêtres, ni aux catholiques, qu'il faut imputer la chûte du décadi et des fêtes nationales ; mais c'est à vous, philosophes, vous seuls, qui les avez avilies, déshonorées par les moyens-mêmes que vous avez employés pour les faire observer.

Ces fêtes devoient être des jours d'exercices utiles pour la jeunesse, d'instructions, de morale, de civisme pour tous les citoyens ; des jours de joie, d'allégresse, d'enthousiasme, propres à enflammer les ames de l'amour de la république : qu'en avez-vous fait ? des jours de deuil et de tristesse pour le peuple, en le forçant, contre le texte de la constitution et des lois, à violer le repos sacré du dimanche et des fêtes, en le tenant des demi - journées sur une place à attendre l'ouverture d'une cérémonie qui duroit une heure ; en le contraignant à une oisiveté aussi funeste aux mœurs qu'à l'intérêt public ; en plaçant dans ses temples des statues indécentes, quelquefois des êtres vivans, plus indécens encore ; en traitant ses mystères sacrés d'absurdités, et sa religion de fanatisme. Vous avez rendu onéreuses et méprisables aux citoyens, ces fêtes qui devoient réchauffer leur civisme, en les vexant de la manière la plus injuste et la plus ridicule. L'un étoit mis en prison pour n'avoir pas son habit de cérémonie ; l'autre étoit traité de mauvais citoyen pour n'avoir pas fait sa barbe la veille ; un troisième étoit condamné à trois journées de travail pour avoir fermé sa boutique le jour de pâques, ou pour l'avoir ouverte un décadi. Des commissaires inquisitoriaux couroient les rues et les champs, afin de surprendre un ouvrier au travail ; regardoient par les vîtres si une mère de famille n'étoit point à filer ou à raccommoder la robe de son enfant, pour les traduire à la police. Pour comble d'insolence, vous leur parliez de la liberté, de la souveraineté du peuple, en les envoyant subir une sentence injuste. Ainsi finissoit la cérémonie, par la prison, sur-tout par les amendes qui, en appauvrissant le peuple, n'enrichissent point la nation ; mais qui sont une grande branche de commerce pour les philosophes. Est-ce donc que l'on mène un peuple libre comme un troupeau d'esclaves ? Sommes-nous sous la verge du sultan, ou sous la constitution de l'an III ? J'arrête, Théophile, je n'ai pas de couleurs pour peindre ces ennemis de la patrie ; je ne vous dirai qu'un mot sur leurs dilapidations, qui doivent incessamment consommer la ruine de l'état.

Je vous ai parlé, il y a un moment, de la spoliation des églises. Si l'on en croit les papiers publics, l'argenterie enlevée des églises, des abbayes, des communautés, des maisons d'émigrés, formoient une telle masse qu'il falloit étayer les greniers où elle étoit déposée. Les contributions militaires tirées de la Hollande, de la Belgique, de la Sardaigne, de l'Espagne, de l'Italie, se montoient à des sommes immenses. Ajoutez à cela le produit des ventes de biens nationaux, le revenu de ceux invendus, la diminution des dépenses, puisque les créanciers de l'état n'étoient pas payés, et que les troupes ont presque toutes vêcu sur le territoire ennemi. Tout cela devoit, sans contredit, fournir à la république des trésors incalculables, des ressources intarissables : point du tout ; ses coffres sont toujours vides ; il faut recourir à des emprunts forcés, multiplier les impôts sous toutes sortes de formes et de dénominations ; il faut payer jusqu'à l'air qu'on respire. On tente de ressusciter la gabelle ; on vend les armes, canons, fusils, pistolets ; les magasins militaires sont mis à l'encan ; on ne laisse pas dans les hôpitaux une chemise pour le soldat malade ou blessé ; il est sans solde, sans habits, sans armes. La république est sans bras, sans moyens, à l'agonie ; et nos philosophes, dont le nom étoit à peine connu à quelques lieues de leurs villages, devenus subitement opulens, font plus de bruit et de fracas, que les ci-devant princes.

Voilà, Théophile, des faits qui sont à la connoissance de tout le monde : ces trahisons, ces tyrannies, dont je vous ai fait un léger détail, ont pesé sur la France ; nos messieurs ne sauroient le nier. A qui les imputeront-ils ? Ils ne veulent trouver de crimes que dans la religion, de coupables que dans les prêtres ; mais où la religion enseigne-t-elle de pareils forfaits ? quel est l'article de la doctrine et de la morale chrétienne, qui avoit formé les Robespierre, les Couthon, les Carrier, les Lacombe, les Réveillère, les Schérer, et tant de milliers de cette espèce ? Ces égorgeurs étoient-ils des prêtres ? Non, ce n'est point à l'école de Jésus-Christ qu'ont été formés ces monstres ; c'est à l'école de l'immoralité, du philosophisme. C'est donc de cette source impure que sont sortis tous les malheurs , toutes les calamités qui affligent le peuple, qui le plongent dans la tristesse et la douleur. Ce sont donc enfin les philosophes du jour qui ont creusé le tombeau de la république , et qui vont incessamment l'y ensevelir , si la Providence ne vient à son secours ; car, Théophile, le mal est à un tel point, que sans un coup de la Providence , il paroît sans remède. Celui que je vais vous indiquer est infaillible ; mais il ne peut être qu'un effet de sa protection spéciale. (*)

Je viens, Théophile, de vous tracer, les larmes aux yeux, l'horrible tableau des injustices, des vexations, des sacrilèges sans nombre, qui ont amené la république sur le bord du précipice ; et j'allois vous montrer en tremblant que puisque les philosophes l'ont ruinée en détruisant la religion, il ne restoit au peuple que l'unique et infaillible ressource, pour sauver l'une et l'autre, de se rallier par les sentimens de la fraternité et de l'intérêt commun, afin de repousser ces ennemis de son bonheur : j'allois vous dire que la religion catholique, quoiqu'opprimée depuis six ans, et dépouillée de cet appareil majestueux, qui faisoit les délices de

______

(*) Je reçois dans ce moment , 26 brumaire , l'extrait des séances des deux conseils , du 19.

l'homme

l'homme de bien, étant néanmoins de fait, la religion commune et nationale ; que l'expérience ayant prouvé dans tous les tems, que toute atteinte portée au culte national est un attentat à la constitution, une provocation à la guerre civile, une brêche aux ramparts de la république, et le prélude de la dissolution de l'état, le peuple devoit sans délai, se ressaisir de ses droits, pour lui rendre sa liberté et son antique splendeur : se souvenir qu'il est le souverain, que tout dans l'état lui est soumis, que sa volonté est la loi, que ses législateurs même ne peuvent avoir d'autre volonté que la sienne ; qu'il devoit enfin sans balancer, s'expliquer fortement sur un objet si capital, déclarer son vœu, presser en souverain l'abolition de ces décrets révolutionnaires, de ces entraves mises par l'irréligion et l'immoralité, à la publicité de son culte, provoquer la restitution de ses temples envahis par l'impiété, l'élection des évêques dans les départemens où il en manque, et la mise en liberté de cette foule d'innocentes victimes, qui ont tant donné de preuves de leur attachement à la république, et que la philosophie a plongées dans les cachots........ En reconnoissant l'efficacité du moyen, vous eussiez trouvé comme moi, de grandes difficultés pour l'exécution.

D

Mais , Théophile , qu'apprends-je ? Quelle nouvelle heureuse et inopinée je reçois en finissant cette triste peinture ! Toute la face des choses est changée, et ces difficultés vont disparoître. L'aristocratie est en deuil ; l'anarchie pâlit ; le philosophisme est abbattu, déconcerté ; l'homme de bien respire ; la joie renaît dans les cœurs ; l'espoir d'une paix prochaine dilate les ames. Théophile, Buonaparte, l'ILLUSTRE BUONAPARTE ! a encore une fois sauvé la république ! La législation est épurée ; le gouvernement n'est plus composé de ces philosophes jaloux qui exilèrent le héros de la France dans les déserts de l'Egypte, pour l'y faire périr. (*) Ils ne sont plus, et il est à leur

____

(*) Je puis me tromper: mais je profite de la liberté d'émettre ma pensée, pour la dire toute entière. Dès l'instant que je vis Buonaparte envoyé en Egypte, je regardois sa mission comme une déportation méritée par ses nombreuses victoires, et sur-tout par le traité de Campo-Formio. Quand, au 20 prairial, je vis le directoire changé, je pensois et je dis publiquement, que si les directeurs étoient républicains, ils tâcheroient de renouer la paix avec la Porte , et rappelleroient Buonaparte. Quand , cinq mois après , j'ai vu ce héros en France, j'ai cru avoir pensé juste ; j'ai béni les gens de bien qui avoient sauvé un grand homme, ma joie a été vive: ce qui y met le comble, c'est que je le vois à la tête du gouvernement, avec quelques-uns de ceux que j'ai soupçonnés auteurs de son retour.

place. Voici ce qu'un courrier extraordinaire vient de nous apprendre.

Le 19 brumaire, Buonaparte est entré dans le conseil des Cinq-cents, pour rendre compte sans doute, de quelque affaire importante. Vous pensez, Théophile, qu'il étoit parmi les pères de la patrie, et qu'il devoit en être accueilli avec reconnoissance. Mais là il y avoit des philosophes qui se rendoient aux séances, armés de pistolets et de poignards, pour faire des lois à un peuple libre ! Des législateurs français ont accueilli le héros de la liberté, ce héros aimé, chéri, respecté des peuples mêmes qu'il a vaincus, par les cris redoublés de *hors la loi !* et l'ont menacé de leurs armes. Un sicaire, dont il avoit autrefois découvert les friponneries, lui portoit le coup de la mort, si un grenadier ne l'eût heureusement paré. Alors, tous ses compagnons d'armes ont entouré le général : un officier l'a pris entre ses bras, lui a fait un rempart de son corps, et l'a arraché au danger, en l'emportant comme un tendre fils emporteroit son père pour le sauver d'un incendie.

Vous frémissez, Théophile. Rassurez-vous ; Buonaparte vit : mais vous croiriez qu'outré de colère, il va laver cet attentat dans le sang de

2

ses auteurs. Non, Buonaparte n'est pas philosophe à la mode: celui-ci égorge les innocens;
celui-là a pitié des scélérats.

Quelques heures après, le général Murat est
envoyé à la tête d'un corps nombreux de gre-
nadiers ; il entre dans le conseil, non comme
César, dans le sénat de Rome, pour l'asservir,
pour conquérir la république et lui donner des
fers ; mais pour le délivrer de ses assassins,
pour maintenir les droits du peuple, protéger
ses dignes représentans, et chasser la horde des
royalistes. La salle est évacuée à l'instant, les
traîtres sont en partie arrêtés, et les bons ne
tardent pas à reprendre leurs séances et à dé-
libérer sans aucune crainte.

Buonaparte reparoît incontinent lui-même ;
ce n'est pas pour reprocher l'attentat dont il
avoit failli être la victime ; c'est pour éclairer
les législateurs sur les dangers qui les menacent,
pour les assurer de son dévouement à la patrie, pour annoncer aux épouses et aux mères
que bientôt la victoire et la paix vont leur
rendre leurs époux et leurs enfans. Il prend l'en-
gagement de défendre la liberté et de maintenir la république. « Tournez, dit-il aux sol-
dats et au peuple, tournez vos bayonnettes

contre moi, si vous me voyez hors du chemin de la liberté. » Quel coup, Théophile ! que de modération, que de grandeur d'ame ! que d'héroïsme d'un côté, et de l'autre que de perfidie, que de cruautés, que de crimes !

Je vous ai dit que les philosophes précipitoient la chûte de la république ; je comptois cependant, qu'ils ne vouloient que l'anarchie : mais il n'est plus douteux que leur dessein étoit de détruire le régime républicain, et sa ruine étoit plus proche que je ne pensois. Croiriez-vous, Théophile, que quelques-uns d'eux, spécialement chargés de le soutenir, ont fait à Buonaparte des propositions tendantes à dissoudre la représentation nationale, à se mettre au-dessus des lois, et par conséquent à se rendre maître de la république ? Mais Buonaparte, le héros de l'Europe ! ternir sa gloire par une trahison ! Non, il est trop brave pour asservir un peuple, pour le salut duquel il a mille fois exposé sa vie. Il est trop honnête homme pour devenir un usurpateur, un tyran. Il a rejetté avec indignation ces propositions liberticides ; il a démasqué les traîtres qui les lui avoient faites, et a prouvé à l'univers que la France possède le héros le moins ambitieux, le plus magnanime, le plus grand.

3

Théophile, quelle joie, quelle consolation,
quels motifs d'espérance pour le républicain,
qui apprend que sa patrie est sauvée par celui
qui pouvoit la subjuguer ; qu'il sera libre par
celui qui pouvoit l'enchaîner ! Mais quelles con-
solations pour les ministres de la religion de
savoir que ce héros généreux et désintéressé,
n'est pas seulement un brave guerrier, un politique éclairé, mais un chrétien fidèle ! Oui,
Théophile, un chrétien ; j'en ai la preuve dans
la conduite sage, modérée et respectueuse qu'il
tint envers le pape, après la rupture imprudente
du traité qu'il avoit fait avec lui ; dans les soins
qu'il prit des prêtres français, réfractaires ou émigrés, que l'entêtement et la sottise avoient ras-
semblés en Italie ; dans cet éloge admirable qu'il
faisoit de la religion et de ses dignes ministres, où
il annonçoit clairement son desir de la voir re-
fleurir, et où il sembloit déjà inviter les français à
se prononcer en sa faveur. « Que la religion est
respectable, quand elle a des évêques comme
vous, écrivoit-il à l'archevêque de Gênes, il y
a deux ans ! Un évêque comme Fénélon, comme
les archevêques de Milan, de Ravennes, de
Gênes, donnent à la religion de nouveaux at-
traits. Un bon évêque, ajoute-t-il, est le premier présent que le ciel puisse faire à une ville,
à tout un pays. » Belle leçon pour tant d'évê-

ques qui dorment sur les dangers de leurs églises ! Belle leçon pour tant de prêtres qui ne tiennent qu'à l'écorce de la religion ! Heureux présage pour les chrétiens !

D'après ces sentimens, Théophile, d'après cette conduite constamment grande, constamment vertueuse ; oui, je conçois les plus grandes espérances. La France va voir ses ennemis extérieurs devenir ses alliés ; ses divisions intestines qui lui déchirent le sein, faire place à la concorde, à la fraternité ; ses temples se rouvrir de toutes parts ; ses ministres dispersés, désolés, rappelés à leurs augustes fonctions ; les mœurs se purifier, la religion reparoître avec un nouvel éclat. « Dans toute république bien ordonnée, disoit un sage, le premier soin doit être d'y établir la vraie religion ; non une fausse ou fabuleuse. » (*Platon*, *lib. 2 de Rep.*) Ce sera donc le premier soin de Buonaparte. S'il est le libérateur de la France, le pacificateur de l'Europe, il sera aussi le restaurateur de la religion. Nos temples ne seront plus souillés de cette morale sans objet, qui parle d'un Dieu qu'elle déshonore.

Je dois, Théophile, vous dire ma pensée ; je vois dans le retour de Buonaparte, en

4

France, un miracle de la Providence en faveur de la religion et de la république. Je vois en lui un autre Cyrus, conduit par la main toute-puissante qui dirige les évènemens, qui prend la défense de l'innocent opprimé. Cyrus fut l'instrument dont Dieu se servit pour exécuter les desseins de sa miséricorde sur son peuple, pour le tirer de la captivité de Babylone, pour lui assurer la liberté et les moyens de rétablir le temple de Jérusalem : de même, Buonaparte me paroît être celui qu'il a choisi pour délivrer la république, lui rendre la liberté, et par conséquent, le droit imprescriptible et naturel de réparer ses temples et d'exercer librement et publiquement son culte.

Oui, Théophile, persuadé que la Providence a sauvé Buonaparte pour sauver la France du danger imminent qui la menaçoit ; comptant sur ses vertus et sur le mérite bien connu de ses collègues, je n'hésite point à croire que le moment est arrivé où l'église de France va sortir de son deuil, où la religion catholique va reprendre son ancienne influence sur les mœurs. Je me fonde 1º. sur ce que la Providence, comme je viens de le dire, paroît se déclarer en faveur de la république ; 2º. sur ces principes incontestables : *Point de religion*, *point d'état ; point de religion plus propre à assurer la stabilité et la prospérité d'un état, que la religion catholique ;* 3°. sur le vœu bien prononcé de la très - grande majorité des français, qui réclament à grands cris, depuis Robespierre, la publicité de leur culte, et qui ne pourroit lui être refusée sans une violation manifeste de sa souveraineté ; 4.° sur ce que l'état d'oppression où se trouve le catholicisme, est un opprobre pour la république, aux yeux de toutes les nations sensées : car elles n'ignorent pas l'origine de cette oppression ; elles savent qu'elle est l'ouvrage d'une faction liberticide, qui se baigna dans le sang des français, qui joncha la terre de cadavres, et qui jetta par-tout la terreur et l'effroi. Laisser subsister les traces infamantes de cette faction exécrée, seroit en approuver les crimes ; et les hommes probes qui tiennent en leurs mains les destinées de la France, ne s'en rappellent qu'avec horreur. Ils verront qu'il est de leur gloire comme de leur devoir de faire oublier à leur patrie tant de calamités, et de la justifier aux yeux des peuples.

Je vous l'avoue, Théophile, je bénis le ciel de la victoire qu'il vient d'accorder à Buonaparte et à ses dignes collègues, sur les traîtres qui vouloient nous mettre sous le joug. Je le remercie du moyen qu'il leur donne de forcer les puissances étrangères à une paix générale. Ils sauront en profiter et mériteront déjà la reconnoissance des gens de bien. Mais j'ose le dire, ce seroit bien peu pour la France d'avoir dicté des lois aux puissances coalisées, fondé un gouvernement et reconquis sa liberté, si le culte du Seigneur devoit demeurer dans l'état de gêne et d'avilissement où ses ennemis l'ont réduit. La gloire de la république seroit ternie, et son triomphe ne seroit pas de longue durée; car où Dieu ne préside pas, la conscience est muette; où la conscience ne parle pas, la liberté est sans garantie, et l'ambition de dominer, jointe au pouvoir, ne tarde pas à amener l'esclavage : l'expérience ne nous a que trop démontré ces vérités, depuis que la religion n'a plus été écoutée. Ainsi, pour prévenir ces malheurs et assurer à la France une prospérité durable, il s'agit de mettre la religion à l'abri des déclamations impies du philosophisme, de la faire respecter, chérir et observer ; et je crois que le premier pas à faire est de lui rendre ses temples, sa publicité, ses cloches.

Je dis ses temples : le peuple ne vit jamais qu'une usurpation sacrilège dans l'acte de violence qui l'en dépouilla. Il ne croiroit jamais

que sa religion fût celle de ses chefs , si ses
temples continuoient à être employés à d'autres
usages que ceux du culte auxquels ils étoient
destinés dans le principe ; et cette révolution,
loin de le tranquilliser , l'irriteroit davantage.

On peut raisonner de même touchant les
cloches. Elles sont sans doute moins nécessaires
au culte que les temples ; mais elles tiennent à
sa publicité , qui ne put jamais lui être légiti-
mement enlevée. Les philosophes reprochent à
la cloche le tocsin , signal de la révolte ; cette
découverte est digne d'eux : l'homme impartial
répondroit que le tocsin a été aussi le signal de
ralliement des citoyens pour répousser l'ennemi,
pour sauver un village , une commune que le
feu alloit consumer. Je, soutiens du moins que
dans ce moment elle fera sur le peuple l'effet
de la caisse sur le soldat : elle rappellera tous
les catholiques à l'union , à la concorde, à la
république, comme la caisse appelle le soldat
à son poste.

En réclamant la publicité de la religion catholique , je suis loin , Théophile , de vouloir
qu'elle soit dominante , dans le sens que les
philosophes ont bien voulu l'entendre : d'ail-
leurs, c'est une absurdité ; ces deux termes im-

pliquent contradiction. La religion invite, elle persuade, elle ne contraint pas ; ses armes sont les larmes et la prière. Mais je demande une religion nationale. Il en faut une, et la catholique jouit de cette qualité en France, puisque les sept-neuvièmes des français la professent et n'en connoissent pas d'autre.

Je ne demande pas non plus qu'elle soit exclusive. Je sais qu'il seroit bien à desirer qu'il n'y eût qu'une seule religion dans un état, qui fût toujours la vraie ; et que c'est une très-mauvaise politique d'accorder à toutes la même liberté. « Il ne doit être permis à personne, disoit Platon, (*Lib.* 10 *de Legib.*) d'avoir des Dieux particuliers, de servir le vrai Dieu suivant son caprice, ou de se faire une religion à part. » Mais il me semble aussi qu'il seroit bien dangereux pour la tranquillité publique, de tenter la destruction d'un tel abus en France. Elle ne se feroit point sans une persécution, fléau cruel et inique ; et c'est la paix et la concorde qu'il faut chercher. Que le juif ait donc sa synagogue et le musulman sa mosquée ; que toutes les sectes aient des cloches, si elles en veulent ; que chacun soit libre d'assister aux cérémonies de son culte, aux jours et heures qu'il lui prescrit : si toute insulte pour diver-

sité d'opinions religieuses est sévèrement repri-
mée ; si l'union est soigneusement maintenue
parmi les citoyens , je pense que la variété de
cultes ne sera pas dangereuse , et que l'erreur
au contraire cédera peu à peu aux lumières de
la foi et au zèle de la charité.

Mais , Théophile , pour opérer cette réforme
salutaire que la patrie réclame , et pour lui
donner de la solidité , il faut plus qu'une loi.
Nous avons à nous féliciter de posséder Buonaparte ; mais Buonaparte n'est pas immortel ,
et ses dignes collègues ne le sont pas non plus.
Un jour viendra qu'ils auront des successeurs ;
et quels successeurs ? Peut-être , hélas ! des philosophes : alors recommenceroient ces scènes
affligeantes qui ont déshonoré la révolution :
alors renaîtroient les trahisons , les persécutions ,
les vols , les brigandages , si une forte digue
n'étoit opposée au torrent impétueux des passions humaines ; et cette digue , de l'aveu des
plus grands politiques , est une constitution ba-
sée sur les principes de la religion, c'est-à-dire,
une constitution qui , en conservant la liberté
de la religion , lui serve de rempart contre ses
ennemis ; en même-tems qu'elle trouvera elle-
même , dans son influence salutaire , une barrière contre les vices. Elles doivent dans tous
les cas se prêter un mutuel appui.

Une funeste expérience a prouvé que la constitution de l'an III , quelqu'excellente qu'elle soit , quant aux principes républicains , pèche par le fondement. Elle est vraiment l'*édifice construit en l'air* ; car en paroissant admettre tous les cultes, elle ne garantit la liberté à aucun. Ainsi, elle est absolument insuffisante pour assurer la stabilité de la république. Voici le moment favorable pour réparer ce vice radical. Je ne doute point que, la justice et la raison ayant enfin succédé au philosophisme, elle ne soit réformée ; et qu'elle ne soit de cette fois, assise sur la seule base qu'elle doit avoir. J'espère, Théophile, que les grands principes de la constitution civile du clergé entreront dans la constitution de l'état. Je ne vous ferai point part de toutes les réflexions qui me viennent à ce sujet ; il me tarde de finir , pour vous annoncer le triomphe de la liberté.

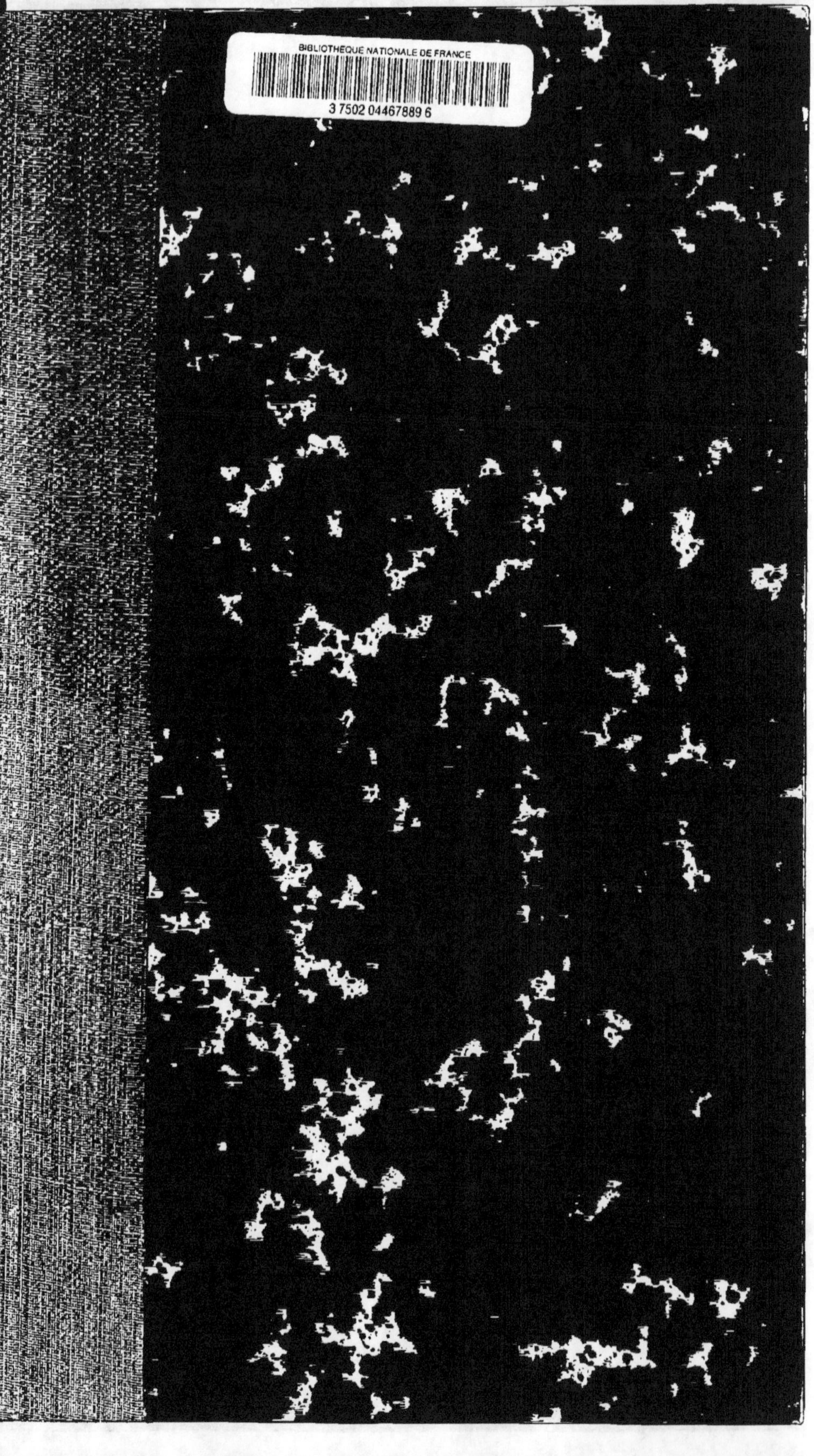